中國歷史大冒險 ⑩

大宋江山

方舒眉　著

馬星原　繪

新雅文化事業有限公司

www.sunya.com.hk

目錄

每回附有：歷史文化知多點

輕輕鬆鬆 閱讀歷史！

　　中華民族是一個古老的民族；中國歷史上下五千年，堪稱源遠流長。整部民族的歷史，是我們集體的過去，是我們祖先的奮鬥歷程，是我們所以有今天的因果。鑑古知今，繼往開來，不認識自己的民族歷史，猶如無根的植物，是不行的。

　　讀歷史，要有方法。以漫畫作媒介，以圖像說故事，可以輕輕鬆鬆地閱讀歷史。只要小孩子主動地拿起來看，他就會認識了盤古初開、三皇五帝、夏商周以至唐宋元明清……雖然只是一個梗概，但心中埋下了種子，以後不會對歷史課感到枯燥乏味，這就是我們的目的了。

　　本系列前稱《歷史大冒險》（中國篇），自 2008 年出版以來，一直深受孩子喜愛。如今重新出版，並豐富其內容：在漫畫底部增設「世界歷史透視」時間線和「中外神話 / 歷史大比照」，讓孩子通過比較中西方發展，以更宏觀的角度學習歷史；每個章回後亦設有「歷史文化知多點」，介紹相關朝代的知識，並設有「想一想」的開放式問題，以培養孩子的獨立思考。希望孩子在輕鬆看漫畫之餘，也能得到更充實的歷史知識。祝各位讀者享受這次歷史之旅！

方舒眉

登場人物

Q小子
活潑精靈，穿起
戰衣後戰鬥力強。

A博士
歷史知識廣博，發明
了「中國歷史大冒
險」的時光網絡。

神龜
本來是遠古海龜，現
與Q小子和A博士一
起穿梭古代。

宋太祖趙匡胤
北宋開國皇帝，透過杯
酒釋兵權，把軍權收歸
中央。

楊業
北宋楊家軍名將，曾擊
敗遼國軍隊，後戰敗絕
食而死。

宋真宗趙恆

北宋皇帝，與遼國簽
訂澶淵之盟，以歲幣
換取和平。

包拯

北宋官員，以清廉公
正聞名，後世譽為「包
青天」。

王安石

北宋官員、文學家，
積極推行變法，但最
終失敗。

方臘

北宋末年的起義軍領
袖，後來被朝廷鎮壓
及處死。

宋徽宗趙佶

北宋皇帝，在位期間金
人攻破京城，與其兒子
宋欽宗一同被俘。

岳飛

南宋抗金名將，最終
以「莫須有」罪名被
賜死。

秦檜

南宋宰相，主張對金
求和，促使宋高宗殺
害岳飛。

5

時代簡介

公元 960 年，宋太祖趙匡胤在陳橋驛黃袍加身，建立宋朝。宋太祖為了不再重蹈唐末亂局，把軍權收歸中央，但兵權分立的措施卻導致軍隊不堪一擊，逢戰必敗。「靖康之變」時，金兵更入侵首都汴京，並將徽、欽二帝擄走，導致北宋滅亡。

之後宋高宗於南京即位，建立南宋。公元 1276 年，元朝攻佔臨安，南宋不久後滅亡。宋朝「重文教，抑武事」的基本國策，雖然大大削弱其戰鬥力，但卻使文化發展蓬勃，歐陽修、范仲淹、蘇軾、王安石、司馬光、柳永、辛棄疾、李清照等文學家燦若星河。

第六十三回

杯酒釋兵權

　　五代十國是晚唐藩鎮割據的延續，政
權頻繁更迭，時局動盪不安，民不聊生。
趙匡胤逼後周恭帝退位，建立宋朝，結束
歷時七十二年的分裂局面。

百姓終於能過好日子了！

宋太祖趙匡胤採用「重文輕武」的國策，宋初的社會漸趨安定，更發展出中國歷史上另一盛世。

看來這位皇帝治國有方呢！

唐末的亂局，使宋太祖非常警惕……

9

趙卿家，自唐末以來的短短數十年，已經歷五個朝代更替……

連年征戰殘害了很多無辜老百姓，天下不穩，到底是什麼原因呢？

宰相趙普

皇上，國家混亂，問題在於藩鎮權力太大。

如果把兵權集中到朝廷，自然會天下太平了。

於是宋太祖便籌劃了一道「杯酒釋兵權」之計。

有酒喝？我們也去湊熱鬧吧！

好，跟我來！

世界歷史透視

公元 961 年

宋太祖「杯酒釋兵權」

公元 962 年

神聖羅馬帝國建立

乾杯！

謝皇上！

若非得諸位相助，朕是無法坐上這個龍位的⋯⋯

可是，朕雖貴為天子，卻一直不能安寢⋯⋯

⋯⋯

請問陛下
為何事而
憂心？

你們怎麼不
明白？這個
皇帝之位，
有誰不想得
到呢？

皇上！現在天命
已定，誰敢再有
異心？

這招「杯酒釋兵權」真高明！

當中的「釋」是「解除」的意思。

我們這樣又吃又喝，還高談闊論，不怕被他們發現嗎？

不用擔心，我們隱身了，說話只有我們聽得到呢！

那麼我們就可以盡情地大吃大喝了！

宋太祖收回將領的兵權後，重新建立軍事制度。

從地方軍隊挑出精兵編成「禁軍」，由中央直接控制。

而各地行政長官也由朝廷委派，解決了唐代以來藩鎮割據的問題。

中外歷史大比照	在中世紀歐洲，國王把土地分封給貴族，以換取貴族為國王提供軍隊，騎士就是當時的專業軍人。

我知道宋朝還有一件懸案——為何宋太祖死後，是由弟弟趙光義繼位呢？

這可是千古謎團啊！

此話何解呢？

說來話長，不如我們親自去看看！

我還未吃完啊！

開寶九年（公元976年），宋太祖急召趙光義到萬歲殿喝酒。

當時太祖還命太監、宮女退下，只留下他們兄弟倆對飲……

皇上駕崩了!

宋太祖忽然駕崩,史稱「燭影斧聲」*事件。

是謀殺案嗎?很可疑呀!

殿內只有他們兄弟二人,無法證實是否謀殺;趙光義後來繼位為帝,誰敢偵查此事?

此為歷史中的千古懸案。

有問題!

為何你不用時光網絡讓我們看到真相?

*「燭影」指宋太祖和趙光義在燭光下喝酒的身影,「斧聲」指宋太祖在喝酒期間持斧剷去殿上積雪時所發出的聲音。

我這個教學網絡，只能讓你們看到已公認的歷史，無法證實存疑的部分。

説起疑案，這宗燭影斧聲事件又衍生出耐人尋味的「金匱之盟」……

宋太宗趙光義

宋太祖死後，由其弟趙光義繼位，是為宋太宗。此舉有別於歷來的父傳子制度，加上太祖死得蹊蹺，難免使人議論紛紛。

於是，太宗重新起用趙普，並「及時」道出以下一段往事……

當年太后病危，臨終前召我入宮交代後事……

趙普

太祖也同意太后所言,並囑咐我寫下來作為見證……

此盟約放入金匱*,藏於宮中某處。

哦~

經過趙普的一番解說,趙光義接掌帝位就名正言順得多了!

這就是歷史上的「金匱之盟」?!

神龜,有任務!

我們在皇宮進行地毯式搜索,務必找出那個金匱!

查出是否如趙普所言,破解這宗歷史疑案!

*金匱指收藏貴重物品的匣子。

很多學者都懷疑那根本是宋太宗和趙普編出來的謊言，你別浪費時間啦！

宋太宗在位期間，消滅了吳越和北漢，正式結束了五代十國藩鎮割據的局面。

對內方面也施行了幾項德政，包括確立文官政治和鼓勵農業生產。

我們接下來看看楊家將的傳奇故事吧！

歷史文化知多點

宋太祖的故事

宋太祖撤椅子

　　宰相為百官之首，是皇帝以下最重要的官職。在宋代以前，宰相可與君主對坐議事，但宋太祖趙匡胤即位後，卻將此制廢除，為什麼他要這樣做呢？

　　趙匡胤建立宋朝後，任用後周重臣范質為宰相，可是他對范質仍存着疑慮與猜忌，而且對君臣共坐的議事方式甚感不滿。某天上早朝時，太祖説感到頭昏眼花，借故要范質把奏折呈上。就在范質離座遞上奏折時，事先收到指示的侍衞立刻行動，趁機把宰相的椅子撤走。

　　范質返回原位時，發現自己的椅子被撤，對宋太祖的用意恍然大悟，自覺地與其他大臣一樣站着上朝，此後更成為定制，一直被各朝所沿用。

　　宋太祖撤走宰相的椅子，是為了顯示皇帝高人一等，在至尊之外再無次一等的至尊，藉此削弱宰相的權位，鞏固了皇權。

金匱之盟真有其事？

有關宋太祖傳位於弟弟趙光義一事，「燭影斧聲」成為宋朝的一大懸案，而「金匱之盟」也是疑點重重。

據宰相趙普說，杜太后擔心太祖的諸子皆幼，不足以坐穩江山，因此命太祖死後將帝位傳於趙光義。然而，其時宋太祖只有三十四歲，正值壯年，而太子趙德昭已是十四歲，出現幼主繼位的可能性並不大。

此外，杜太后的遺言由趙普記錄，趙普雖為開國功臣，卻並非宋朝宗室，為何宋太祖容許杜太后的遺命由外人作筆錄呢？加上宋太宗在繼位之初並沒有公布「金匱之盟」，直至太平興國六年（公元 981 年），才由趙普以密奏的方式公開，並開金匱檢驗。故此，有些史學家認為所謂「金匱之盟」是宋太宗和趙普所虛構，以解決宋太宗帝位不正的存疑。

由於至今仍未找到盟約的原文，後人對「金匱之盟」的爭議尚無定論，此事將永遠成為歷史的謎團。

想一想

你相信「金匱之盟」真有其事嗎？我們閱讀歷史時，應該完全相信史書上的記載嗎？

第六十四回

忠烈楊家將

將軍，敵方忽然有大量人馬增援，我們應否先撤退?!

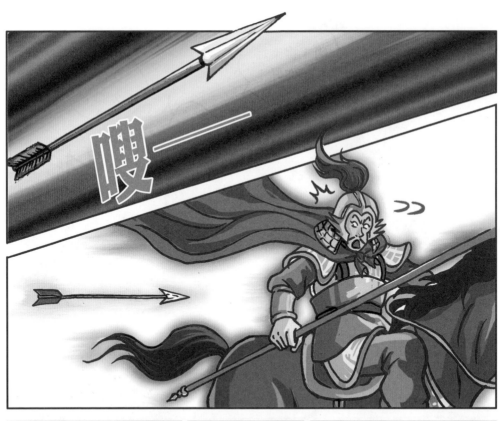

嗖——

嗡！

撤退！

嗖

感謝這位大俠救命之恩！

不必客氣！

楊家將一直都是我的偶像呢！

十分遺憾，你所說的並非史實，只是民間小說的情節而已！

史上確有其名的「楊家將」，其實只有三人……

包括第一代的楊業……

第二代的楊延昭（六郎）……

最後一位是第三代的楊文廣。

原來閣下是能知過去未來的相士，請問我以後的運程如何？

你會在狼牙村一役中被埋伏而大敗……

並因此為國捐軀……

世界歷史透視

不要太悲傷啦！

你的兒子楊延昭很有出息，在你死後，他代你鎮守邊關，遼軍無法越雷池半步。

六郎真的很有成就嗎？

是啊！我就為你說說六郎一些智勇雙全的事跡吧！

宋真宗咸平二年（公元999年），遼國突然派兵進攻北宋。六郎當時駐守在前線的遂城……

遼軍來了！快登上城頭！

小小一個城池，在我們鐵蹄之下，簡直是手到擒來！哈哈！

即日把遂城拿下來！衝呀！

殺呀！

遼軍要爬上城牆來了！快請他們喝熱水！

來了！

中外歷史大比照

中世紀歐洲的國王和貴族住在城堡裏，城堡四周有高大的圍牆，並設有高塔，以便射擊敵人。

蕭太后是遼帝景宗的皇后。景宗體弱多病，朝政有賴蕭后協助。

景宗死後，由蕭后所生的十二歲兒子繼位，是為遼聖宗，蕭后被尊為皇太后，臨朝攝政。在她主政之下，遼國日益強大。

攻破遂城，本太后重重有賞！

謝太后！

不好了！

逃！

果然是間諜，快捉住他！

遂城軍民上下齊心，英勇守城，一次又一次阻擋遼軍的進攻……

這時候，冬天也到了！

好冷……

這樣的冷天氣，天助我也！立即將水運到城頭來！

遵命！

翌日

遂城一片銀白，昨夜下雪了嗎？

稟太后，此乃宋軍之計！他們潑水到城牆上，令整座城都結冰了！

城牆結冰後更堅固，而且難以攀爬……

天冷也對我軍不利，只好退兵了！

中外歷史大比照 ▶ 在1242年的楚德湖戰役中，德意志十字軍騎士被引到結冰的湖面上，最終被諾夫哥羅德公國軍隊擊敗。

遂城得保，從此大宋可享太平嗎？

別傻啦！數年後，遼國蕭太后又率二十萬大軍殺過來呀！

又來？

怎麼辦？

宋真宗

這裏很危險呢！

遷都避禍吧！

萬萬不可！

非但不能遷都，皇上更要走上前線，激勵士氣！

寇準

御駕親征？!

46

歷史文化知多點

宋代的外患和軍事

外患嚴重的宋代

宋太祖建立宋朝，結束了五代十國的亂局，但在中國歷朝的版圖中，北宋的疆域較小，而且被不同的民族所包圍，其中北方的遼國和西北方的西夏更經常侵擾宋朝邊境。

遼國由契丹族建立。契丹族是鮮卑族的別支，早在唐末時期，契丹族已經堀起，公元 916 年首領耶律阿保機建國「契丹」。五代時期，契丹從後唐將領石敬瑭手上奪得燕雲十六州，勢力變得更強大。公元 947 年，契丹改國號「大遼」。宋太宗在位期間，曾三次征伐遼國，但都兵敗而回。

西夏由党項族（党，粵音擋）建立，原本臣服於宋朝，公元 1038 年党項族首領李元昊自立為帝，建國號「大夏」。北宋西面的邊境地區受西夏侵擾，朝廷為了換取和平，向西夏送出大量銀幣和絹帛。

後來女真族堀起，建立金國，並先後消滅遼國和北宋，西夏亦俯首稱臣。不過金國最後也被蒙古族所滅，偏安江南的南宋朝廷亦難逃亡國的命運。

重文輕武的政策

　　雖然宋朝受到外患威脅，但宋太祖立國後，並沒有加強軍人的權力，反而採取「重文輕武」的政策。這是因為宋太祖認為五代十國以來的亂局，就是由武人擁兵專權而起的。

　　於是，宋太祖除了「杯酒釋兵權」，把軍權收歸中央之外，更重用文臣，由他們來主持中央軍事機構，並任命文臣為將帥，把武將的地位置於文官之下。此外，宋太祖又推行「更戍法」，禁軍需要輪流駐守地方重鎮和邊境地區，士兵每隔三年便要換一次防地，以免軍人擁兵自重，謀反叛亂。

　　在重文輕武的政策下，軍人難以擴張自己的勢力，但同時亦導致宋朝軍事上的積弱。文官指揮軍隊，作戰經驗不足，而且在更戍法下，軍隊需要頻繁調防，大大減弱了軍隊的戰鬥力，使宋朝在對外戰爭中屢戰屢敗。

忠君愛國楊家將

楊家將滿門忠烈，為大宋江山拋頭顱、灑熱血。在金沙灘一戰，楊家為保護宋太宗，幾乎全軍覆沒，只有六郎楊延昭繼續為國征戰。及後，楊延昭的兒子楊宗保和孫兒楊文廣繼承遺志，擔起保家衞國的重任，甚至家中女流佘太君、穆桂英也披甲上陣，挺身而出奮力抗遼。

可是翻開歷史卷冊，以上情節大部分無從稽考，不論是楊門女將的生平，以至楊五郎五台山出家、穆桂英掛帥、十二寡婦征西等事跡，統統沒有記載。在故事中出現又有歷史記載的楊家將，只有楊業、楊延昭和楊文廣這三代人。

人們以歷史譜寫英雄的同時，加入許多虛構情節，雖然與史實原貌越來越偏離，但卻豐富了故事的傳奇色彩，使楊家將精忠報國的故事在民間廣為流傳。楊家將的身影不斷走入話本小説、戲曲舞台以及電視熒幕，人物與故事流芳百世，感動一代又一代的中華兒女。

狄青百錢定軍心

在宋代重文輕武的政策下，狄青為少數能以武揚名的將士。傳説他作戰時總是披頭散髮，戴上銅製面具，所向披靡，無人敢擋。

宋仁宗皇祐年間，蠻族首領儂智高於廣西起兵，連破多個州縣後稱帝，狄青奉命領兵平亂。相傳出征前，狄青率領將士入廟祈福，祝願此仗旗開得勝，還取出百枚銅錢許願：「如神明保佑我軍大勝而回，銅錢落地時皆正面朝上！」

狄青將錢幣一擲，眾將士隨即湧上來，定睛一看，所有錢幣果真面朝上，背朝下！大家興奮不已，士氣高昂，狄青命人將銅錢牢釘在地上，説：「待凱旋歸來，再取錢酬謝神明。」

狄青大軍夜度崑崙關，成功平定叛亂。眾人依約回到廟宇，拔出鐵釘取出銅錢，將士一看，發覺錢幣上下皆是正面！原來狄青為增加士氣而特意訂製雙面錢，可見其謀略勝人，非一般勇將可比。

想一想

如果你是宋朝的大臣，你會支持皇帝推行重文輕武的政策嗎？為什麼？

第六十五回

天書降臨

景德元年（公元1004年），在宰相寇準的建議下，宋真宗御駕親征來到澶州，登上北門城樓督戰……

萬歲！萬歲！

御駕親征真的有效用嗎？

有啊！宋軍士氣因而大振，真的打了場勝仗呢！

乘勝追擊吧！

可惜沒有！宋真宗反而與遼國進行和談呢！

朕派你前赴和談，割地求和絕對不行，賠錢倒可商量……

皇上是怎樣吩咐你的？

回寇準大人，皇上說為了止干戈，最多可賠對方一百萬兩銀。

聽着！雖然皇上准許百萬，但超過三十萬的話，我就宰了你！

稟皇上，和談已成！

好！賠款多少？

三百萬兩?!

不！三十萬歲幣*而已！

有功！厚賞！今後我們真的可以過太平日子了！

這條和約，後世史書稱為「澶淵之盟」。

*根據澶淵之盟，宋每年向遼提供十萬兩銀、二十萬匹絹，即三十萬歲幣。

大中祥符元年（公元1008年）正月初三，宋真宗召見文武重臣。

過新年，是時候派利是了！

貪心鬼！

別打岔！我們……看看宋真宗自導自演的「天書降臨」鬧劇吧。

各位卿家，朕有一個好消息要宣布！

約一個月前，發生了一件怪事……

半夜時分，朕正要就寢時，看見了一團光……

那團光竟然化成一位身穿絳衣*的神仙！

*絳衣是一種道士的服裝。

上天將會賜你《大中祥符》天書三卷……

你需要建道場，並齋戒誦經一個月，方可領受……

還有，不得洩漏天機！明白嗎？

如今過了一個月，今早有人來奏報……

他說承天門上不知何時掛了一條黃帛，上面還附有一個卷軸！朕猜想那必是「天書」無疑了！

這是國家祥瑞之兆，恭喜皇上！

皇上聖德，天降寶書！

簡直一塌糊塗，烏煙瘴氣！

之後，真宗再「收到」兩卷天書，合共三卷！現在我們就去看看吧！

世界歷史透視

這天書的內容，不外乎讚揚真宗以孝道和仁德治天下，於是宋朝國運昌盛綿長。

趙受命 興於宋 付於恒 居其器 守於正 世七百 九九定

看完了！還給你們吧！

皇帝就喜歡裝神弄鬼來愚民！

真宗為了供奉天書，還不惜勞民傷財呢！

朕要建一座「玉清昭應宮」來供奉天書！

這是什麼地方？

這就是玉清昭應宮！

嘩！知名景點！

Q小子到此一遊

拍個照吧！

你怎可以隨意塗鴉！

失火啦！

逃命呀！

這座玉清昭應宮落成才不過十幾年，就燒得乾乾淨淨！若非羣臣反對，真宗早就重建啦！

嗚⋯⋯我的題字沒有了！

也許是你製造的視覺污染，令老天震怒啊！

走吧！我們現在去看看那位深受民間讚揚的好官包大人吧！

歷史文化知多點

宋代繁盛的經濟、文化和科技發展

繁華的汴京

北宋的京城汴京，是歷史上數一數二的繁華都城，見證了北宋時期蓬勃的商業和城市發展。

汴京位於今河南省開封市，位於汴河之上。隋唐時期所興建的大運河，連接了黃河和長江水系，其中最重要的一段便是流經汴河，這使汴京的物資供應穩定，並成為江南與中原地區的漕運樞紐，貨物雲集，百姓的物質生活豐富。

北宋畫家張擇端所繪畫的《清明上河圖》，正能表現出汴京的繁華。這幅傳世名畫以長卷的形式，將鄉村至市集的景色納入畫中，生動地描繪了京城百姓在清明節時前往汴河兩岸的熱鬧景象，將宋人的城市生活栩栩如生地展現出來。

宋詞的興起

繼唐詩之後，宋詞也是中國文學的瑰寶。宋詞其實是樂曲的歌詞，配樂而唱，詞人需要按照樂譜來填詞，因此詞有詞牌（曲子的名稱），也有固定的字數。

詞能夠成為宋代文學的代表文學體裁，與北宋的城市發展有很大的關係。北宋的城市經濟繁榮，工商業發達，城市人口超過二百萬戶以上，不論是朝廷或士大夫的宴席，或是民間的樂坊青樓，對詞的需求都很大，宋詞便在各種歌舞娛樂中迅速發展起來。

宋代著名的詞人有很多，其中柳永所寫的詞最廣為民間傳唱，因為他用字淺白易懂，表達情意生動真切，內容貼近百姓生活，有「凡有井水處，皆能歌柳詞」之稱。此外，他精通音律，常為教坊樂工及歌妓填寫歌詞，並進一步發展能夠表達曲折複雜內容的慢詞，創作了大量優秀作品，促使詞成為當時文學的主流。

宋代的先進科技

　　造紙術、指南針、活字印刷術及火藥是中國的四大發明，後三項更於宋朝興起及得到改良，可見當時的科技發展十分先進，遙遙領先同期的西方國家。

　　古代名為「司南」的指南針，雖在戰國時已出現，但直到北宋才用於海上導航，稱為「羅盤」。阿拉伯人乘搭中國商船時學會使用指南針，不久將羅盤技術傳到歐洲，令西方一度以為指南針起源於阿拉伯。

　　印刷術在唐代已出現，當時使用的是雕版印刷，需要在木板上逐字刻出要印刷的內容。宋代工匠畢昇發明了膠泥活字，實行排版印刷，雖然字符容易殘損，不夠耐用，但已是印刷術的大革新，促進了知識傳播與文化交流，此技術隨後更傳入朝鮮、日本以至埃及等地。

　　至於火藥，其誕生與煉丹術有關。北宋軍官馮繼升、岳義方、唐福等改進火箭法，並將火藥製成火器應用到戰爭上，如霹靂炮、鐵火炮等。後來，這些火器通過戰爭傳到遼、金、元等外族，再經蒙古族西征而輾轉帶到阿拉伯以至歐洲。

宋代科學家沈括

西方文藝復興時期的達文西是家喻戶曉的博學家，在多方面都有傑出的成就；在中國的北宋年間，也有一位精通天文、律曆、音樂、醫藥、卜算的全才，名叫沈括。

沈括自小聰明好學，博覽羣書，並跟隨父親到中國各地遊歷，增長見聞。後來沈括入朝為官，擔任管理天文曆法的官員，編製了新曆和創製天文儀器。沈括更發現地磁偏角（地磁的南北極與地理上的南北極並不完全重合，存有偏差），比西方的記載早了約四百年；他又發現石油可以用來照明、煮食，並預言石油將會大有用處。

沈括晚年隱居，撰寫了《夢溪筆談》。這本筆記體著作共二十六卷，記載了沈括的科學發現和知識，內容包括數學、天文、地理、物理等範疇。書中還記載了很多宋代的科學成就，例如畢昇發明的活字印刷術，有助後人了解宋代先進的科學發明，被譽為是「中國古代科學發展的座標」。

想一想

宋代的科技發展有如此卓越的成就，與當時的經濟發展有什麼關係呢？

第六十六回

包公奇案

小人張三，以務農為生，養有一頭耕牛……

今早，我正要牽牛上田，卻發現牠奄奄一息……

原來這頭牛遭人割了舌頭！

真是一宗怪案……

求大人捉拿兇手歸案，賠償我的損失！

稟大人，外面有三人求見，說可以幫助你破案！

公元 1055 年

塞爾柱帝國佔領巴格達

公元 1057 年

包拯出任開封府尹

你好呀，包大人！

請問幾位有何妙計，來審理這宗「牛舌案」？

掃取指模！然後逐一核對可疑人士的指模，自然能找到兇手！

什麼是「指模」？

廢話！古代哪有這種科技呀?!

那麼依你之見……？

讓張三回去，把耕牛宰了！

很簡單！

包大人！你真的要我回去把耕牛宰了嗎？

我沒有聽錯吧?!

只是宰牛而已，為何他如此緊張？

是這樣的，自春秋戰國時代起，因耕牛有利於農業，故不准民間私自屠宰，但官府當然例外！

反正牛被割掉舌頭也活不長，還是趕快宰了吧！

私宰牛隻是大罪啊！

……

……

起牀！

快點！

有人來報案，包大人要升堂了！

下跪者何人？因何事報案？

小民名叫李四，特來舉報張三私宰耕牛！

本官在問話，你抬頭看着本官！

包公「黑面」，果然名不虛傳……

大膽李四！

你偷偷割下張三那耕牛的舌頭，如今還夠膽來舉報他宰牛?!

冤枉呀！

包大人明察，小民真的沒做過這種事呀！

竟敢抵賴！有人看見你割牛舌後，還在井水中下毒，意圖殺人呢！

本官對此案毫無頭緒，該如何破案？

放心！我們先到案發現場了解了解吧！

到了！

高陞客棧

請問大人，要捉拿何人來審問？

我要審問⋯⋯

這客棧旁邊的石頭！來人，把它移到空地中央！

大膽石頭，速速招來！是何人偷取布匹?!

⋯⋯

大膽石頭，竟敢不招⋯⋯

給我重打五十大板！

中外歷史
大比照　中世紀的歐洲充滿迷信的思想，人們會把被告人綁起來
　　　丟進水裏，如果那人浮起來，即代表他是有罪的。

每人依所從事的行業來處罰：賣米的罰米，販肉的罰肉……如此類推！所罰之物要拿最新鮮的來！

你們藐視公堂，全部人都要受罰！

稟大人！

共得大米一百斤、豬肉二十斤、雞八隻、雞蛋一籮筐、魚兩尾、布五匹……

布匹留下，其餘發還物主！

莫名其妙

看清楚，這裏有你失去的布匹嗎？

有啊！這布匹就是了！

這布匹是你交出來的，那麼你就是偷布賊了！

破案了！

冤枉呀！是某人拿來賣給我的布行……啊！就是那頭戴黃巾的人！

小民認罪！

我趁販布商人喝醉，偷去他三匹布，賣去一匹，其餘兩匹藏於某處⋯⋯

來人，將犯人立即收入牢中，稍後宣判！退堂！

謝謝靈貓大師，本官獲益良多！

如果我扮演福爾摩斯為你破案，你獲益會更大呢！

再見了！我們下一站去看「熙寧變法」，又稱「王安石變法」！

歷史文化知多點

宋代文學家的故事

東坡肉的由來

　　三國時代的曹操、曹丕和曹植一門三傑，在中國文學史上有很大的成就；到了宋代，蘇洵、蘇軾和蘇轍三父子也以文采聞名於世，被稱為「三蘇」，其中蘇軾是三父子中最為後世所認識的文學家。

　　無論詩、詞、字、畫，蘇軾樣樣皆精，存世作品極多，為世人千古傳誦。可惜他仕途失意，屢遭貶黜，幸好性格豁達，又喜歡郊遊，並且是一位美食家，相傳杭州名菜「東坡肉」就是由他創製的。

　　話說蘇軾在杭州當太守時，因太湖氾濫而下令修築長堤，百姓為了答謝蘇軾，除了將長堤命名「蘇堤」，更特地抬豬擔酒作為謝禮。蘇軾推辭不掉，於是命人把豬肉切成方塊，烹成獨家秘製的「紅燒肉」分送各家。由於蘇軾自號東坡居士，於是百姓以「東坡肉」命名菜式，並相繼仿做，使這道名菜一直流傳至今。

一代才女李清照

談起宋詞，不得不提著名女詞人李清照。她生於書香世家，父親李格非精通經史，善於寫散文，母親王氏也知書能文。由於家學淵源，李清照年紀小小已文采出眾，還工於書法及繪畫，堪稱一代才女。

李清照十八歲時，與宰相之子趙明誠結婚，兩人志同道合，喜歡以詩詞唱和。本來二人婚後生活恩愛美滿，可是好景不常，靖康之變後（見本書第六十八回），她與趙明誠避亂江南，不久丈夫死於建康（今南京）。

自此，李清照獨身漂泊江南，在孤苦淒涼中度過了晚年。由於她經歷國破、家亡、夫死的傷痛，所作詞章更為深沉感人，悲歎身世的同時，也流露出愛國思想以及對中原的懷念。

想一想

李清照是中國古代少見的女文學家，你認為她的作品為什麼能流傳後世呢？

第六十七回

王安石變法

唉！

你好呀！

安石先生，你在為何事憂愁？

何方妖怪?!

我們不是妖怪！這位是靈貓大師！

我就是傻貓大師！

本大師知你憂懷國事，呈給朝廷的「變法」大計又不獲採納……

唉，就是嘛，宋朝積弱，再不變法，社稷岌岌可危！

我來是告訴你一個好消息的，先皇對變法沒興趣，但當今皇上宋神宗則完全不同。

太好了！

我的變法能否成功？望大師指點一二……

這個嘛……

天機不可洩露，我只能給你八字贈言……

問心無愧，盡力而為！

何時到了戶外的？

奉皇上聖喻：王安石立即上京，御前見駕，欽此！

聖旨到！

世界歷史透視

公元 1066 年

征服者威廉建立諾曼第王朝

所謂王安石變法，是變法術嗎？

傻瓜！「變法」是改變制度。以現代語來說，即是社會改革！

王安石變法的野心很大，經濟和軍事方面都有觸及……

以下是六項較主要的內容！

均輸法
市易法
免役法
青苗法
保馬法
保甲法

均輸法
　由政府居中調度，使各地物品互通，以利民生。

市易法
　政府適時購入民間滯銷貨物，待市場缺貨時賣出，以平衡物價波動。此外，政府更貸款予商人應急。

免役法
　農民可交納款項代替服役，原本享有免役特權的官僚、地主也得交納役錢。

青苗法
　向農民發放貸款，農民可於收成時以農作物償還。

保馬法
　政府供給馬匹，由民間代養。閒時可作運載、耕田之用，戰時可調度為戰馬。

保甲法
　有兩名男子以上的農戶選一人當保丁，農閒時接受軍訓，戰時徵調入伍，以省軍費，並防止農民反抗。

91

十年後，神宗便會駕崩，繼位的哲宗年幼，由高太后執政……

她起用跟你政見不同的司馬光為宰相……

司馬光把你的變法全部廢除，擁護新政的人也全遭罷免！

唉！想不到我的一番心血，全部付諸東流……

不！這又未必！

又八年後，高太后去世，哲宗親政，政局又出現轉變！

哲宗復行新政，新黨再受重用，舊黨相繼被逐出朝廷……

之後的新舊黨爭，如走馬燈輪番上場……

公元 1080 年　　　　　　公元 1084 年

喂！快一點！

報告！前面的橋洞太小，船過不了！

那還等什麼？把橋拆了就可以啦！

皇帝只顧着收集奇花異石，奸臣乘機搜刮百姓，這是什麼世道?!

這王八蛋朝廷不給我們生路，我們還能怎樣呀？

造反去！

方臘，睦州青溪人，於宋徽宗宣和二年（公元 1120 年）在鄉村裏召集了幾百人揭竿起義。

戰火蔓延得很快，數月間已席捲東南地區，方臘的起義軍擴展至過百萬人。

繼方臘之後，宋江也打出劫富濟貧的旗號造反。

嘩！是《水滸傳》裏梁山泊的英雄好漢啊！

公元 1099 年

十字軍佔領耶路撒冷，建立耶路撒冷王國

公元 1120 年

方臘起義

99

歷史上確有宋江其人，不過《水滸傳》只是文學創作，內容並非史實。

真失望！

宋徽宗

什麼？到處都有暴民造反？

這……這怎麼辦啦？

唉！都怪朕太迷戀園藝，無心政事……

朕知道錯了……

下令立即停止採辦奇花異石……

101

方臘的起義軍本是烏合之眾，造反未及一年已節節敗退，方臘被綁赴京師處死。

史書上所記載的宋江非常不濟，很快就投降為皇室效命呢！

亂局平定，你猜宋徽宗幹什麼呢？

他竟然立即下令加緊搜刮「四方珍異之物」！

昏君！

怪不得要亡國！

這宋徽宗志大才疏，妄想建功立業，希望收復割讓已久的「燕雲十六州」。

燕雲十六州？我好像聽過這名稱⋯⋯

究竟是什麼來的，可否解釋一下？

　　「燕雲十六州」在中國歷史上是一個帶有恥辱的名詞。五代十國時期，後唐將領石敬瑭為了篡權立國，向北方契丹族借兵，最後更按約定將燕雲十六州割讓給契丹。從此，中原失去與北方遊牧民族之間的天然屏障及長城防線。

遼

高麗

燕雲十六州

西夏

燕雲十六州大概在這個位置！

北宋

　　燕雲十六州所在之地，即今北京、天津、山西及河北北部。宋朝時，這些地方由契丹族所建立的遼國佔據。

失去長城保護，宋朝門戶大開，因此的確甚有收復燕雲十六州的必要！宋徽宗有何不對呢？

但還是要看策略啊！宋徽宗以為可以聯合由女真族建立的金國，聯金滅遼，但卻造成一個「前門拒虎，後門進狼」的敗局！

誰人在樑上？

我告訴你，「聯金滅遼」是個餿主意！

再見了！

有刺客！

皇上快走！

一定是遼國派
來的奸細！

那刺客剛才
説什麼？

好像是説「聯
金滅遼」是個
餿主意。

所以微臣認為，
他們一定是遼國
派來的！

對！是為了阻止
朕與金國結盟！
朕怎會上當?!

宋、金聯盟之後，遼國國力日衰，兵敗如山倒。

不過對遼軍有威脅的只是金國兵馬⋯⋯

宋軍卻連連吃敗仗，在收復燕雲十六州的戰役上，還要向金兵求救！

金國的國君完顏阿骨打不是傻瓜，不會無條件義助宋軍攻下遼國燕京城！燕京城被攻破之後，金國除了大肆搶掠，還向宋朝提出條件。

以後每年向我繳納一百萬貫錢，我就把燕京城交還給你！

宋朝君臣為「收復失地」的面子工程，只好接納他的要求……

可是，宋朝國庫空虛，根本不能按時向金國繳交歲幣，這讓金國有了入侵的藉口。

一聽金兵已經殺到，宋徽宗慌了手腳……

怎麼辦啦！

啊！有啦！

兒子，就由你來繼承皇位吧！

父皇退休去了！

這個不情不願地臨危受命的就是年方廿六歲的趙桓，是為宋欽宗，他登位後改元靖康。

靖康？

有點耳熟！

當然耳熟！歷史上著名的「靖康之變」啊！

欽宗即位後，第一件事就是把深受徽宗喜愛的奸臣蔡京、童貫貶官。

滾！

然後欽宗又重用主戰的大臣李綱，組織軍隊抗金。

影響後世的文史巨著

千古巨著《資治通鑑》

　　《資治通鑑》是中國第一部編年體通史（按歷史事件發生的順序所編撰、內容橫跨多個時代的史書），是古代君主的必讀史書，皆因君主可以借鑑各朝的興衰變遷，汲取經驗用於治國，因而被稱為「帝王之書」。

　　這部千古巨著由北宋史學家司馬光編纂而成，他研讀許多歷史著作後，發現記載欠完整，於是親自撰寫《通志》。宋英宗非常欣賞他，不但讓他在宮內藏書閣飽覽秘籍，還讓著名的史學家劉恕、范祖禹等當其助手。宋神宗即位後，把《通志》改名為《資治通鑑》，「通」是從古到今，「鑑」為鏡子，含有以史為鏡的意思，即「以鑑於往事，有資於治道」。

　　《資治通鑑》共花了十九年才完成，所記載的歷史橫跨十六個朝代，光是初稿就堆滿兩間屋子。司馬光在編纂過程中，態度一絲不苟，為《資治通鑑》耗盡精力，書成後兩年逝世，終年六十七歲。

宋江起義與《水滸傳》

《水滸傳》是中國古典四大名著之一，由施耐庵所著，成書於明朝，但故事背景卻設於北宋年間，敘述了一百零八條好漢被逼上梁山的故事。

梁山泊好漢以「及時雨」宋江為首發動起義，抵抗強權、濟弱扶貧。後來，他們接受宋朝的招安，征遼平寇後卻遭朝廷逼害，宋江被奸臣設計陷害，遭賜毒酒而死。

原來在歷史上真有宋江其人。據歷史記載，宋徽宗宣和元年（公元 1119 年），宋江聚眾在河北起義，專管人間不平，懲罰貪官污吏。朝廷曾下詔對宋江等人招安，起義軍非但沒有投降，還轉戰山東、河北等地區，攻勢凌厲，令各地官府聞風喪膽。

可惜經過多場戰役，起義軍終被朝廷鎮壓，宋江投降。《水滸傳》就是根據這事件改編而成。

想一想

除了《水滸傳》外，你知道中國有哪些經典名著是根據歷史事件改編的？

第六十八回

靖康之變

金兵強攻數次不下，而宋朝援兵又陸續來到。

在形勢逆轉之下，宋欽宗非但沒有乘勝追擊，反而同意和議！

自己形勢大好卻和議？欽宗是個蠢材嗎？

為了表示和議誠意，你們先把李綱撤職吧！

沒問題！只要你們肯和議，就什麼都行！

岂有此理！

守城有功的李綱大人反而被免職?!

好吧！李綱官復原職，但朕議和之心已決！

欽宗以割讓太原、中山和河間三鎮，以及大量賠款來換取一紙和約。

笨蛋！

可是，大半年後金兵又來了！

宋朝所答應的賠款沒有付！今次我們一定要攻破汴京！

皇上勿憂，微臣知道有名懂法術的老兵，他有退兵之計！

郭京

中外歷史大比照　1938年，英國與法國讓希特拉取得捷克蘇台德區，以換取他不再發動侵略，但希特拉沒有遵守協定，侵佔了波蘭。

吉時一到，六甲神兵趕走守城的士兵，打開城門列隊出擊金兵……

結果？

用膝蓋想也知道結果啦！

衝

呀！

金兵攻進城了！

啟稟皇上，六甲神兵不堪一擊，金兵乘機殺進來了！

石化

世界歷史透視

靖康元年閏十一月（公元 1127年1月），金兵攻破宋朝首都汴京，洗劫一空後，將徽宗、欽宗二帝及宗室大臣擄走，史稱「靖康之變」。

宋朝滅亡了嗎？

還沒有！欽宗的弟弟趙構在南京即位，仍用大宋國號，史稱「南宋」。

啊，岳飛是時候要登場了！

岳飛，字鵬舉。少時好學，並練得一身好武藝。岳飛出征前，其母在他背部刺上「盡忠報國」四字。

以前看的版本，都説刺上的是「精忠報國」！

那是以訛傳訛，據考證，「盡忠報國」才是正確的！

岳飛不單武藝高強，還善於帶兵。他的「岳家軍」軍紀嚴明，甚得百姓擁戴，連對手金兵都説「撼山易，撼岳家軍難」！

岳飛打的最有名的一場戰役，就是重創金兀朮的「鐵浮圖」和「拐子馬」*！

快帶我們去開開眼界吧！

……

你們是誰？

*兀朮，粵音迄術。其率領的鐵浮圖為鐵甲騎兵，人馬均披重甲，又名鐵塔兵；拐子馬則是輕騎兵，主要用於兩翼包抄。

鐵浮圖的馬匹披上鐵甲，其弱點就是馬腳！

你只須訓練一隊士兵專砍馬腳，這樣便會必勝！

對！

我立即派人多製造這些麻扎刀！

中外歷史大比照　中世紀騎士的馬匹也會穿上特別的盔甲，那些盔甲非常厚重及昂貴。

123

世上有忠臣就有奸臣，我秦檜要登場囉！

宋高宗趙構

秦卿家，朕得悉岳飛將軍已收復不少失地……

一舉消滅金兵，收復我國舊山河，指日可待！

現在已進軍至朱仙鎮……

稟皇上！

其實這並非好消息啊！

此話何解？

若岳飛真的直搗黃龍府，將會迎回二帝……

到時候你這皇位要不要交出來？當然要！

124

宋高宗紹興十年（公元 1140 年），岳飛屯兵朱仙鎮，準備北上抗金，朝廷卻打算撤兵，並在一日之內連發十二道金牌。

金字牌急腳遞！

讓路！

拔刀！

咦？

是這把刀嗎？

這就是「金牌」?!

御前文字
不得入鋪

木牌刻上金字「御前文字，不得入鋪」而已！這是冒牌貨來的嗎？

127

我們要「金牌」，你給我們一塊木牌，這算什麼意思？

這個就是金牌啦！「金牌」是簡稱，全稱是「金字牌急腳遞」。

金字牌其實是發送公文的令牌，除了金字牌，還有青字牌和紅字牌。

金字牌是最高級別的遞送令牌，日行四百里；牌上刻有金字「御前文字，不得入鋪」。「御前文字」就是指皇上所授的公文……

「不得入鋪」又是什麼意思？

我們驛吏拿到公文後，是一站一站傳下去的……

驛吏到達驛站時,可停下來休息,而公文就交由另一組人馬繼續遞送。

嗯,就像接力長跑那般。

而「不得入鋪」的意思,就是該特急公文只許在驛站前交收,不得進驛站之內,以節省時間。

好的,解釋得很清楚。

再見了!

把金牌還給我!

金牌被我們沒收了!

而且還要多沒收幾個!

奇怪！Q小子和神龜到哪裏去了？

我們回來啦！

看我們的收穫，十二面金牌！

你們弄來這麼多金牌幹什麼？

史書上記載，岳飛被十二面金牌召回京師，之後更被處死，所以我們攔截金牌，拯救岳飛！

咦，岳飛呢？

你們白跑一趟了，岳飛已被召回京城！

什麼？

我們明明已把十二面金牌攔下來的啊！

一面都沒少啊！

我說過，歷史是改變不了的！事實上，後世對於朝廷所發出的金牌數量也有爭議*。

總之，結果岳飛還是被召回去了！

*有學者指出朱仙鎮與臨安相距約二千里，即使是急行軍往返亦需八、九天，難以於一天之內下十二道金牌。

莫 須 有！

岳飛就這樣被賜死於大理寺風波亭，兒子岳雲也被斬首！

我們穿越時空去看看岳王墳吧！

岳王墳位於杭州西湖……

岳飛死後廿載，宋孝宗恢復岳飛名譽，至宋寧宗時更蓋建岳王廟……

宋岳鄂王墓

宋繼岳侯

奸臣秦檜以「莫須有」*之罪害死岳飛，遺臭萬年，一直被歷代百姓所痛恨。

明朝時，岳王廟更出現了以鐵鑄成秦檜夫婦的跪像……

要他們在歷史留下污名，警惕世人！

咳●咳～

喂！你想幹什麼？

聽說可以在秦檜像上吐口水！

那是以前的事，你給我文明一點好不好?!

*莫須有是南宋時期的口語，意思為「或許有」。

歷史文化知多點

昏君與佞臣

亡國的瘦金體

宋徽宗趙佶的藝術天賦頗佳，幼年便對詩詞、書法、繪畫、音樂、戲曲等藝術產生興趣，在書畫方面尤其用功。

這位皇帝創造出獨樹一幟的「瘦金體」書法，「瘦」是指筆墨線條緊窄清薄，「金」指金屬，光彩奪目，鋒芒畢露，以此形容宋徽宗的書法線條纖幼，但卻華麗貴氣。不過，由於他本人是昏庸的君主，所以這種書法也被戲稱為「亡國體」。

▲ 瘦金體

在繪畫方面，宋徽宗亦擅長繪畫工筆畫，無論山水、花鳥或人物都能生動地勾畫出來。他更設立畫院，使宋代湧現很多出色的畫師和作品，繪畫《清明上河圖》的張擇端就是畫院畫師之一。

作為書畫家，宋徽宗的成就出眾；但作為一國之君，他肆意排斥和打擊忠臣賢士，任用蔡京等奸佞小人，最終導致北宋走上滅亡的結局，真是失敗得很！

油條的由來

金黃色的油條是中國傳統的早點之一，你知道這種食物是怎樣來的嗎？傳說油條的出現，是因為百姓想把南宋奸臣秦檜炸了來吃呢！

南宋名將岳飛兩次北伐，大破金兵，收復了大量失地，深得百姓的愛戴。可是秦檜和宋高宗卻為了一己私利，殺害這位盡忠報國的英雄。消息傳到民間後，百姓都對秦檜深惡痛絕。

傳說西湖一間燒餅鋪的伙計知道秦檜與其妻子王氏密謀陷害忠良，使得岳飛被殺後，憤怒不已，於是他把秦檜和王氏的樣子分別在麵餅上捏製出來，然後把兩塊麵餅背靠背黏着，放到油鍋裏炸，吸引了不少人前來觀賞和購食。不久，其他食店亦開始製作，使這食品流行起來。

由於「檜」與「燴」同音，百姓於是將油條稱為「油炸燴」。後來製作工序簡化，人們直接把兩塊長麵餅黏貼起來放進鍋裏炸，使油條一直流傳至今。

慷慨昂揚的《滿江紅》

岳飛文武兼備，在戎馬征戰的生涯中，寫下許多抒發愛國情懷的作品。而慷慨昂揚的《滿江紅》是其中的千古名篇，留芳百世：

> 怒髮衝冠，憑欄處、瀟瀟雨歇。抬望眼，仰天長嘯，壯懷激烈。三十功名塵與土，八千里路雲和月。莫等閒，白了少年頭，空悲切。
>
> 靖康恥，猶未雪；臣子恨，何時滅？駕長車，踏破賀蘭山缺。壯志飢餐胡虜肉，笑談渴飲匈奴血。待從頭，收拾舊山河，朝天闕！

這首詞寫於岳飛第一次北伐勝利後，氣勢磅礴。詞中表達了岳飛的愛國情懷，流露出對金人的痛恨之情，希望收復被金人侵佔的國土，一雪靖康之恥，並自勉要珍惜時光，盡早實現收復故國山河的宏願。

可惜最後奸臣秦檜以「莫須有」的罪名害死岳飛，使他壯志未酬，一代忠臣落得如此下場，為後人所惋惜。

與秦檜夫婦「陪跪」的是何人？

在杭州西湖的岳王廟，共有四尊鐵鑄跪像正對石墓，除了秦檜與其妻子王氏外，還有万俟卨（粵音默其竊，「万」非「萬」的簡體字，万俟是複姓）和張俊。

万俟卨和張俊皆為南宋朝臣，岳飛曾為張俊屬下。秦檜唆使万俟卨向宋高宗呈上一道奏折，捏造岳飛抗金時擁兵不救、放棄陣地等「罪名」，還與張俊一同誣告岳飛部將張憲謀反。岳飛是含冤入獄，朝廷自是查不出任何罪證，秦檜遂以「莫須有」的罪名殺害岳飛。

宋孝宗繼位後，為岳飛平反，當時興建的岳王廟並無跪像。到了明朝正德年間，才出現塑有秦檜夫婦的跪像，後來加鑄万俟卨與張俊二人，讓這些罪魁禍首在岳飛墓前長跪不起，低頭認錯。跪像自鑄成以來，不斷被人咒罵、踢打，屢次被毀重塑，可見世人對奸臣痛恨之深。

想一想

你認為岳飛被殺一事，誰要負上最大責任？為什麼？

第六十九回

南宋滅亡

皇上，好消息！
我們跟金國的和
約已簽好了……

從此可安
享太平！

很好很好！
他們要求什
麼賠償？

希望不會
太破費！

不多！不過是割讓曾被岳飛收
復的唐州、鄭州和商州，再加
秦州的大半土地……另外每年
納貢銀二十五萬兩、絹二十五
萬匹……

在面子上，
我方也能拿
回一點好處
吧？

還說不多！

有的！就是
金朝冊封你
為宋帝！

算了，萬事以和為貴！只要不打仗，我才可以繼續花天酒地呀！

皇上英明！

我也可以繼續弄權……呃不，是繼續掌權，哈哈哈……

宋高宗紹興十一年（公元1141年）與金國簽訂的和約，史稱「紹興和議」。

有這樣的君臣，不亡國是沒天理啊！

根本是喪權辱國的賣身契，他們卻當作喜事呢！

可歎是南宋如此屈辱，僅換得廿載苟安！

紹興三十一年（公元1161年），金國海陵王完顏亮奪取帝位後，親率六十萬大軍，兵分四路進攻南宋……

金國大軍來到長江東岸的采石磯（今安徽馬鞍山市），準備渡江直指南宋都城臨安。

大軍準備渡江！

而長江這邊的南宋兵力只得一萬八千人，而且全無士氣，各人準備一走了之。

你們要逃到哪裏去？

武將都嚇跑了，大人只是一名文官，快跟我們走吧！

虞允文

不可逃！

我雖是文官，但國難當前，也會手執兵器上陣殺敵！

說得好！

我們也會幫忙，對不對？

而且你也不必親自上陣，只須安定軍心，作出戰術指導就行了！

當然！

來了！

好！就讓他們有來無回！

史上著名的「采石之戰」，金軍渡江的兵力雖有十七萬之眾，但很多戰船只是臨時建造，並不牢固。加上金人大多不諳水性，在水戰中大大吃虧。

以前曾有「聯金滅遼」的前車之鑑，已證明這是個餿主意！

事隔已一百多年，朝廷早忘記教訓，所以又再次吃虧了！

這「前門拒虎，後門進狼」的惡果很快又出現。金國滅亡的次年（公元 1235 年），蒙古大軍兵分兩路向南宋進攻⋯⋯

幸好數年後蒙古大汗窩闊台去世，蒙古大軍相繼撤退⋯⋯

南宋朝廷才得到喘息的機會。

之後蒙古軍不來了？

當然不會有如此便宜之事！約二十年後，大汗蒙哥親自帶兵攻過來了！

宋理宗寶祐五年（公元 1257 年），
蒙古大汗蒙哥領軍攻打四川，鐵蹄之下
大部分城池都被攻破，只剩下一個依山
而建、形勢險要的釣魚城仍在堅守。

開慶元年（公元
1259年），蒙哥染
重病，蒙古軍攻城
月不果，唯有撤軍，
回師途中蒙哥去世。

為了汗位之爭，蒙古
各派互相爭鬥，已無
暇再攻打南宋
了！

這宋理宗，
真是個有運
的傢伙！

說到運氣，蒙古
再次攻打南宋又
是十年後的事，
那時理宗已去世
四年了。

什麼國破家亡也
與他無關啦！

行大運呢！

公元 1270 年
十字軍第八次東征

公元 1271 年
元朝建立

蒙哥死後，他的弟弟忽必烈在爭奪汗位中勝出，後來建立元朝。宋度宗咸淳四年（公元1268年），忽必烈出兵圍攻南宋重鎮襄陽，史稱「襄樊之戰」。

襄陽圍城戰事前後長達五年，直至咸淳九年（公元1273年）城破，守城軍民寫下了悲壯的一頁。

南宋亡國了！宋史完結！

襄陽失守之後，蒙古鐵騎直逼臨安。德祐二年（公元1276年），五歲的恭帝投降被俘。

不！尚有未完的故事，一些孤臣帶着兩位小皇子出逃……

張世傑、文天祥、陸秀夫和一些逃亡的朝廷官員，擁立七歲的趙昰*為帝，是為宋端宗，以繼續抗元。

可惜趙昰因溺水得病而死，流亡朝廷遂立他的弟弟趙昺*為帝。

我們現在坐船去哪裏？

看宋朝的最後一戰——厓山之戰*！

*昰，粵音是；昺，粵音丙；厓，粵音崖。

149

事到如今，皇上不可受俘虜之辱，臣與你一起以死報國吧！

陸秀夫

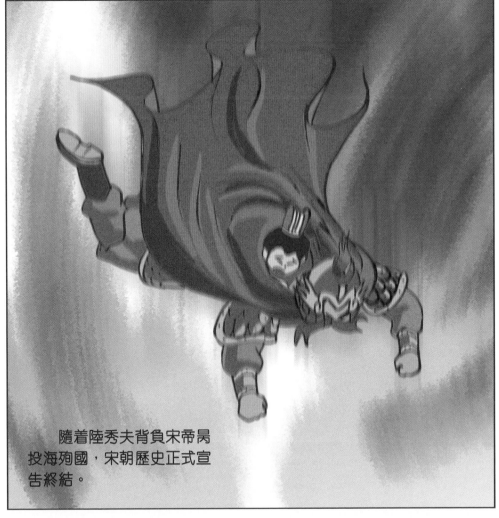

　　隨着陸秀夫背負宋帝昺投海殉國，宋朝歷史正式宣告終結。

南宋的偏安與滅亡

壯志難酬的辛棄疾

宋室南遷以後，尚有很多漢人留在原居地，被金人統治。北方的漢人組織義軍，對抗金人，南宋著名詞人辛棄疾也曾參與抗金義軍。

辛棄疾出生在被金人佔領的地區，由祖父撫養成人，自小已被教導要抗金復宋。二十二歲時，辛棄疾加入耿京的義軍，後來耿京被叛徒張安國殺害，辛棄疾率領五十人闖進擁兵五萬的金營，成功把張安國活捉，投歸南宋，將張安國斬首示眾。

事後辛棄疾聲名大噪，被南宋朝廷委任為官，自此一直居於南宋。但由於他是從北方歸宋的人，加上南宋君臣大多滿足於偏安江南的局面，辛棄疾因此不受重用，昔日壯志被現實磨滅，懷才不遇的憤慨之情只能透過寫詞抒發，留下了大量千古傳頌的詞作。

據說辛棄疾病逝前，還喊着「殺賊！殺賊！」空有抱負而未能實現，實在令人唏噓不已。

留取丹心照汗青

元軍舉兵南下，南宋孤臣堅持抗元，終因寡不敵眾，不久敗退廣東。文天祥遭元軍突襲，兵敗被俘，元將張弘範要求他寫信給張世傑，勸他投降，文天祥堅定拒絕，並將自己所寫的《過零丁洋》一詩抄錄予對方。

張弘範讀到詩中「人生自古誰無死，留取丹心照汗青」兩句後，不再強逼文天祥，並在南宋滅亡後，把他送到大都。詩中的「丹心」指赤誠的心；「汗青」是指古人在竹簡寫字前，為了方便書寫以及不易被蟲蛀蝕，會先火炙竹簡，稱之為「汗清」，後引申為書冊，全句是指文天祥在歷史上留下自己對宋朝的赤誠之心。

文天祥在大都被拘押三年，元世祖忽必烈愛惜其才，屢勸其降，但文天祥寧死不屈，最終一死報國。

宋王臺史跡

　　大家知道香港的九龍城有一個宋王臺公園嗎？其現存的一塊石碑，紀念着南宋末代皇帝逃難至香港的歷史，為此地增添不少傳奇色彩呢！

　　南宋首都臨安被元兵攻陷後，孤臣擁立宋帝昺南下，逃至廣東沿海繼續抗元，並曾於九龍城一帶建立行宮，逗留數月。

　　為了紀念這段歷史，後人於巨石上刻了「宋王臺」三字為記。第二次世界大戰時，日軍侵佔香港，曾把宋王臺原址夷為平地，石碑雖然受到破壞，但「宋王臺」三字卻完好無缺。戰後香港政府建成宋王臺公園，並將石碑切割出來，移放於現今所在之地，供人憑弔。

　　那麼為何宋王臺所用的是「王」字而非「皇」字呢？有說是由於當時執政的是元朝政府，民眾怕得罪當時的統治者，因此刻鑿石碑時，特地改用「王」字以避嫌。

想一想

　　南宋無力抵抗元人入侵，如果你是南宋的大臣，你會選擇投降，還是堅持對南宋朝廷盡忠？為什麼？

▲ 宋王臺石碑

公元 961 年
宋太祖「杯酒釋兵權」，把軍權收歸中央。

公元 1057 年
包拯出任開封府尹。

公元 1005 年
宋真宗與遼國簽訂澶淵之盟。

公元 1127 年
靖康之變，金兵攻陷汴京，北宋滅亡，南宋建立。

公元 1142 年
秦檜以莫須有罪名殺害岳飛。

公元 1234 年
南宋聯蒙滅金，金國滅亡。

公元 1161 年
采石之戰，虞允文擊敗金軍。

公元 1069 年
王安石開始推行
熙寧變法。

公元 1120 年
宋徽宗與金簽訂
盟約，聯金滅遼；
方臘起義。

公元 1276 年
元軍攻陷臨安，俘
虜宋恭帝，文天祥
等人擁立趙昰、趙
昺為帝。

公元 1279 年
陸秀夫在厓山負宋帝昺
投海自盡，南宋滅亡。

遠古時代
夏 （公元前 2070 年至公元前 1600 年）
商 （公元前 1600 年至公元前 1046 年）
西周 （公元前 1046 年至公元前 771 年）
春秋 （公元前 770 年至公元前 403 年）
戰國 （公元前 403 年至公元前 221 年）
秦 （公元前 221 年至公元前 206 年）
漢 （公元前 206 年至公元 220 年）
三國 （公元 220 年至 280 年）
西晉 （公元 266 年至 316 年）
東晉 （公元 317 年至 420 年）
南北朝 （公元 420 年至 589 年）
隋 （公元 581 年至 618 年）
唐 （公元 618 年至 907 年）
五代十國 （公元 907 年至 979 年）
北宋 （公元 960 年至 1127 年）
南宋 （公元 1127 年至 1279 年）
元 （公元 1279 年至 1368 年）
明 （公元 1368 年至 1644 年）
清 （公元 1644 年至 1912 年）

中國歷史大冒險 ⑩

大宋江山

作　　者：方舒眉
繪　　圖：馬星原
責任編輯：陳志倩
美術設計：陳雅琳
出　　版：新雅文化事業有限公司
　　　　　香港英皇道 499 號北角工業大廈 18 樓
　　　　　電話：（852）2138 7998
　　　　　傳真：（852）2597 4003
　　　　　網址：http://www.sunya.com.hk
　　　　　電郵：marketing@sunya.com.hk
發　　行：香港聯合書刊物流有限公司
　　　　　香港荃灣德士古道220-248號荃灣工業中心16樓
　　　　　電話：（852）2150 2100
　　　　　傳真：（852）2407 3062
　　　　　電郵：info@suplogistics.com.hk
印　　刷：Elite Company
　　　　　香港黃竹坑業發街 2 號志聯興工業大樓 15 樓 A 室
版　　次：二〇二〇年一月初版
　　　　　二〇二一年一月第二次印刷
版權所有‧不准翻印

ISBN: 978-962-08-7413-0
© 2020 Sun Ya Publications (HK) Ltd.
18/F, North Point Industrial Building, 499 King's Road, Hong Kong
Published and printed in Hong Kong